8⁰ Yth
18887

LA VÉRITÉ

RENAISSANTE,

COMÉDIE-BALLET,

EN UN ACTE.

LA VERITÉ
RENAISSANTE,
COMÉDIE-BALLET,

EN UN ACTE.

Par M. MARTIN.

Représentée fur plufieurs Théatres de Sociétés.

A PARIS,

Chez la Veuve DUCHESNE, Libraire, rue Saint-Jacques, au-deffous de la Fontaine S. Benoît, au Temple du Goût.

M. DCC. LXXV.

ACTEURS.

MOMUS.

LA VÉRITÉ.

ARLEQUIN.

UN PETIT-MAITRE GASCON.

PIERROT.

UNE PETITE FILLE.

UN JALOUX, Pere de la petite Fille.

LA FEMME DU JALOUX.

L'AMOUR.

La Scene est dans le Palais de la Vérité.

LA VÉRITÉ
RENAISSANTE,
COMÉDIE-BALLET.

(Le Théatre repréſente un Puits , qui diſparoît , & l'on voit la Vérité qui s'éveille.)

SCENE PREMIERE.

LA VÉRITÉ.

OU ſuis-je ! Que veut dire ce changement ? Qu'eſt devenu mon Puits ? Que je dormois profondément !.... Je rêvois aux humains... il me ſembloit les voir.... ils me tendoient les bras : venez , me diſoient-ils , charmante Vérité , Jupiter vous a formé pour nous ; venez nous rendre heureux...... À tout ce tintamarre.... je me ſuis éveillée ; hé... je ne ſais pas où je ſuis.

A

SCENE II.

LA VERITÉ, MOMUS.

LA VERITÉ.

AH! Momus! venez-vous m'expliquer par quel enchantement j'ai changé de demeure?

MOMUS.

Par l'arrêt du Destin, par l'ordre de Jupiter, il faut nous concilier pour instruire la jeunesse.

LA VERITÉ.

Mais, Momus, quel rapport y a-t-il entre nous?

MOMUS.

Plus que vous ne pensez... On tient conseil en votre absence, &, pendant votre sommeil, voici ce qui s'est passé dans l'Olympe; Jupiter me fait appeller, je pars, là je trouve les Dieux dans un profond silence. Lui sur son trône assis.... le Destin à côté : Momus, me dit-il, je suis content de vous; vous formez les plaisirs au gré de la nature... mais, la Vérité dort : & le Destin d'accord avec ses volontés, fait un signe à l'Oracle.... l'Oracle prononce ces paroles :

Jamais la Vérité ne se fera connoître,
Que Momus en tous lieux ne la fasse paroître.

Je repars, j'arrive fur la terre, & je vous trouve ici, au gré de mes defirs.

LA VERITÉ.

Eh! quelle eft donc cette maifon?

MOMUS.

C'eft ici le Palais des plaifirs; les humains s'y raffemblent, & c'eft parmi les Ris & les Jeux, que vous prendrez le foin de les conduire.

LA VERITÉ.

Quoi! vous croyez, Momus, que la Vérité pourra diriger les plaifirs? Je fuis fans art & fans parure; la fincérité, la franchife, font mes feuls ornemens.

MOMUS, (avec un air de myflere.)

Depuis votre réveil les tems ont bien changé : donnez-moi votre main.

(La Vérité donne la main à Momus, il l'amène devant fon miroir, & fait une invocation aux Dieux.)

Renafcenti Veritati, favete Di optimi, moneat, arguat, & placeat. *

LA VERITÉ, (fe voyant dans fon miroir, paroît toute furprife.)

Ah! Momus, que vois-je?

---

* Dieux très-bons! favorifez la Vérité renaiffante, faites en forte qu'elle les reprenne, & qu'elle leur plaife.

MOMUS.

Qui peut occafionner cette furprife ?

LA VERITÉ.

Mais, c'eft-là mon miroir ?

MOMUS.

Oui, c'eft le vôtre.

LA VERITÉ.

Què me fait-il donc voir ? Mais ! je fuis déguifée.

MOMUS.

Sans ce déguifement, vous ne pourriez paroî-tre ; & la Vérité nue ne doit pas fe montrer: cacher adroitement les trois quarts de fes char-mes, c'eft donner le defir : par degré l'on attire à foi ; l'inftant devient favorable , & l'on fe fait connoître.

LA VERITÉ.

Je pourrai donc toujours dire ce que je penfe ?

MOMUS.

Vous le direz fans doute, & vous aurez le don de plaire.

LA VERITÉ, (*d'un air fatisfaite, & enjouée.*)

Je plairois aux humains ! Ne retardez pas

mon bonheur ; dites, que faut-il faire ?

MOMUS.

Ne point quitter votre enjoûment, y joindre l'art de la prudence, ce font les dons qui vous font accordés. Vous avez tout pouvoir, je n'ai plus rien à vous dire.

(*Il fort.*)

LA VERITÉ.

(*La Vérité doit prendre un ton d'enjoûment, qu'elle doit conferver jufqu'à la fin de la Piece.*)

Je fens naître en moi certaine intelligence... Avec de pareils dons.... je peux tout entreprendre: & ce précieux miroir me fervira d'oracle ; c'eft par lui que je dois infpirer les mortels.... En voici un qui fe préfente.... Il a l'air affez comique.... C'eft, affurément, un éleve de Momus....

SCENE III.

LA VERITÉ, ARLEQUIN,
(*en redingote, & une perruque en bourfe.*)

ARLEQUIN.

JE ne fçais pas mon Rôle.... Bafte ! qu'eftce que ça me fait ? un coup de bate, une cabriole.. allons, vogue la galere. Ah! Madame,

A iij

excufez, je ne vous voyois pas. Y a-t-il quelque chofe pour votre fervice?

LA VERITÉ.

Monfieur, vous êtes Comédien ?

ARLEQUIN.

Oui, Madame, Comédien; à vous rendre mes très-humbles devoirs.

LA VERITÉ.

Voilà ce que je cherche : vous me connoiffez fans doute ?

ARLEQUIN.

J'ai bien une idée, mais je ne peux pas me remettre....

LA VERITÉ.

Je fuis la Vérité.

ARLEQUIN.

Vous êtes la Vérité? Je ne m'attendois pas à cela. (à part.) Elle eft, ma foi, bien aimable. (haut.) Vous me cherchez, dites-vous? Et que voulez-vous faire de moi?

LA VERITÉ.

Jufques à préfent vous avez fait le plaifir du Public; je veux vous rendre utile.

ARLEQUIN.

Comment utile ?

LA VERITÉ.

Je veux vous faire Auteur.

ARLEQUIN.

Ah! Auteur, je ne fçais pas de latin.

LA VERITÉ.

Il n'eft pas queſtion de latin, vous fçavez le françois ?

ARLEQUIN.

Ah! parbleu, je ne tourne pas à quatre che-mins d'abord, je dis ce que je penfe.

LA VERITÉ.

Hé bien, mon cher ami, vous n'aurez qu'à l'écrire ; un Auteur ne fait rien de plus.

ARLEQUIN.

Oh! je croyois cela beaucoup plus difficile : mais, avec votre permiſſion, que doit-il m'en revenir?

LA VERITÉ.

De très-bons honoraires, & la gloire de m'a-voir fait connoître : vous ferez des Piéces pour le Théatre, & vous formerez vos Acteurs à peindre la Vérité.

A iv

ARLEQUIN.

A peindre la Vérité, êtes-vous bien sûr de la réussite? Car, si je ne réussis pas, que deviendront mes honoraires?

LA VERITÉ.

Mais aussi, si vous réussissez, je vous promets des avantages au-dessus de vos espérances.

ARLEQUIN.

Entre nous, parmi mes camarades, il y en a de bien entêtés.

LA VERITÉ.

En ce cas, s'ils résistent à nos volontés, nous en formerons d'autres.

ARLEQUIN.

Ah! j'entends, j'entends; lorsque vous faites des Auteurs, vous serez bien des Acteurs.

LA VERITÉ.

Je vais faire plus; de par le grand Jupiter, que mon Palais se forme ; cela ne vous surprend pas?

ARLEQUIN.

Non, je vois bien que c'est une décoration: mais, que signifie tous ces miroirs?

LA VÉRITÉ.

J'ai des vues, vous allez les comprendre ; en voici un, dont vous aurez entiere connoiſſance.

ARLEQUIN.

Encore un autre ? Voyons.

LA VERITÉ.

Examinez.

ARLEQUIN.

Ah ! Madame la Vérité, qu'eſt-ce que ceci veut donc dire ? J'ai bien le teint un peu brunet ; mais je ne l'ai pas noir, noir tout-à-fait comme cela.

LA VERITÉ.

Pardonnez-moi, la glace eſt naturelle, les hommes s'y voyent tels qu'ils ſont : mais, quant aux mœurs, par un détour adroit, vous y ferez paroître une petite ſatyre, vous y coulerez une épigramme, & la force de la vérité les invitera à ſe rendre juſtice.

ARLEQUIN.

C'eſt terriblement malin.

LA VERITÉ.

A préſent vous connoiſſez la vertu du miroir ; entrez dans ma derniere confidence, voici la porte de mon Palais ; ici, c'eſt la ſalle d'audience, & vous êtes chez moi, fans fortir de chez vous.

ARLEQUIN.

Vous êtes chez moi, fans fortir de chez vous; je fuis chez vous, fans fortir de chez moi? C'eft fi embrouillé que je n'y connois rien : c'eft une énigme, & je ne fçais pas deviner. Ah! fi, fi ma foi, je la devine; cela ne fignifieroit-il pas un Café ?

LA VERITÉ.

Cette décoration repréfente une falle de Café; mais l'énigme veut dire, que mes intérêts font les vôtres; & que fi l'on m'adopte, vous ferez applaudi.

ARLEQUIN.

Je ferai applaudi, quel plaifir! Je ne me fens pas d'aife; allons, je vais travailler pour vous de tout mon cœur.

(Arlequin baife la main de la Vérité, il tire une plume & de l'encre.)

LA VERITÉ.

Le defir vous tranfporte.

ARLEQUIN.

Il me vient des idées charmantes.

LA VERITÉ.

Ne les perdez pas, un Auteur ne veut point

être diſtrait. Je ſors, & vais donner les ordres néceſſaires, pour la fin de notre projet.

(*Elle ſort.*)

ARLEQUIN.

Bon, quand elle reviendra, elle trouvera de l'ouvrage de fait. Dépêchons-nous : (*d'un ton ampoulé.*) De par le grand Jupiter, faiſons une épigramme.

SCENE IV.

ARLEQUIN, PIERROT.

PIERROT.

Qu'est-ce que tu dis donc là tout ſeul, toi?

ARLEQUIN.

Laiſſe-moi... un petit moment : c'eſt que je compoſe.

PIERROT.

Tu compoſe, eſt-ce que tu veux te faire Poëte?

ARLEQUIN.

Oui, je ſuis Auteur.

PIERROT.

Et depuis quand es-tu Auteur?

ARLEQUIN.

Depuis... depuis qu'il doit m'en revenir des honoraires.

PIERROT.

Des honoraires ? C'est une bonne chose : mais, tiens, crois-moi....

ARLEQUIN, (*d'un ton ampoulé.*)

Mon cher ami Pierrot, de ma seule écriture,
Dépendra le bonheur de toute la nature.

PIERROT.

Allons donc, laisse là ta composition, ça te rendra fou, viens t'en à la répétition, on t'attend.

ARLEQUIN.

Oh! je ne peux pas, je suis engagé dans une affaire d'honneur; il faut que je dise aujourd'hui la vérité à tout le monde.

PIERROT.

Aujourd'hui ? t'as entrepris là bien de l'ouvrage : quoi ! tu vas faire cette Piéce là pour aujourd'hui ?

ARLEQUIN.

Mais, sûrement.

PIERROT.

Tu la joueras donc tout seul; car moi, je

n'apprends pas comme ça tout de fuite : tu ne veux donc pas venir ? Je m'en vas , je t'en avertis.

ARLEQUIN.

Écoute donc , écoute donc.

PIERROT.

Et bien, quoi?

ARLEQUIN.

Viens, que je te donne ton rôle.

PIERROT.

Quand je te dis que je n'en veux point; pardi, j'irai comme ça me caffer la tête.

ARLEQUIN.

Mais, c'eft la Vérité qui le veut.

PIERROT.

La Vérité? hé bien, que la Vérité faffe fon ouvrage elle-même ; elle aura des ferviteurs de refte.

ARLEQUIN, (fe levant de fa table.)

Mais, tu ne fçais pas que j'ai là fon miroir; & quand tu auras regardé dedans, tu fçauras ton rôle par cœur.

PIERROT.

Allons, voyons donc ce miroir.

ARLEQUIN.

Tiens, regarde.

PIERROT.

Allons donc, tu badines.

ARLEQUIN.

Et parbleu, non, je ne badine pas.

PIERROT.

Moi, je te dis que tu badines, ce n'est pas là une glace de Venise, vas.

ARLEQUIN.

Je le crois, ma foi; elle est bien plus belle.

PIERROT.

Plus belle? Moi je te réponds qu'elle fascine les yeux.

ARLEQUIN.

Eh! à quoi vois-tu cela?

PIERROT.

Je sçais bien que je suis joli garçon, peut-être.

ARLEQUIN.

Et bien.

PIERROT.

Et bien, tiens, quand je me regarde, on diroit que je suis un niais.

ARLEQUIN.

C'eſt pourtant la Vérité.

PIERROT, *(d'un ton de colere.)*

Et moi je te réponds, que la Vérité en a menti.

ARLEQUIN.

Que tu es malhonnête; comment? tu ne veux pas…

PIERROT.

Non; joue ta Piece tout ſeul: t'en recevras les honoraires…. (*En s'en allant, & riant de toutes ſes forces.*) je t'en abandonne tout le profit.

ARLEQUIN.

Mais, voyez un peu ce grand Nicodême, qui vient diſtraire un Auteur dans ſes ouvrages, & qui ne veut pas jouer dans ſa piece: (*ſe remettant à ſa table.*) Non, imbécille, ni toi, ni tes camarades, n'y joueront pas; nous en trouverons d'autres. Sango démi! Je jure par la Vérité, que le premier homme qui ſe préſentera dans cette ſalle, jouera un rôle d'après nature.

SCENE V.

ARLEQUIN, UN PETIT-MAITRE Gascon.

ARLEQUIN.

AH ! voici notre affaire : examinons un peu.

LE PETIT-MAITRE, (*examine la salle, se rajuste devant un miroir en chantant.*)

Ah ! qué l'amour est chose jolie !

ARLEQUIN.

C'est un élégant.

LE PETIT-MAITRE.

Avec l'amour, touté li vie.

ARLEQUIN.

Il a un bon tour.

LE PETIT-MAITRE.

Passe comme un jour.

Comment, personne? (*s'adressant à Arlequin.*) où est donc la Maîtresse ?

ARLEQUIN.

Monsieur, elle n'est pas loin ; elle est allée donner ses ordres.

LE

LE PETIT-MAITRE, (*ironiquement.*)

Ses ordres ?

ARLEQUIN.

Oui, Monfieur, mais elle ne tardera pas ; je l'attends.

LE PETIT-MAITRE.

Et les Garçons, où font-ils ?

ARLEQUIN.

Je les crois à la répétition.

LE PETIT-MAITRE, (*va s'affeoir à la table qui eft vis-à-vis de celle d'Arlequin.*)

Voici une maifon bien gardée.

ARLEQUIN.

Monfieur, en attendant la Maîtreffe , fi je pouvois fçavoir ce qui vous amène , je pourrois peut-être.....

LE PETIT-MAITRE.

Hé! cadédis, c'eft uné caraffe d'orgeat, mon ami ; (*il tire plufieurs papiers de mufique de fa poche, les examine.*)

ARLEQUIN, (*à part.*)

C'eft différent ; il fe croit au Café : profitons de l'erreur.

B

LE PETIT-MAITRE, (*s'attache à*
cette Ariette, & la musie.)

ARLEQUIN, (*entrecoupe l'air à chaque*
repos de la musique, & s'adresse au Parterre.)
C'est donc de l'orgeat.

LE PETIT-MAITRE.

ARLEQUIN.

Heureusement que j'en ai dans ma loge.

LE PETIT-MAITRE.

ARLEQUIN.

Monsieur, je peux vous la procurer.

LE PETIT-MAITRE.

Tu mé feras plaisir, mon garçon.

ARLEQUIN.

Mon garçon, mon ami.

COMÉDIE-BALLET.

LE PETIT-MAITRE.

ARLEQUIN.

Oui, cet habillement sent un peu la livrée.

LE PETIT-MAITRE.

ARLEQUIN.

Voilà où j'en voulois venir.

LE PETIT-MAITRE.

ARLEQUIN.

Nous allons commencer la Comédie.

LE PETIT-MAITRE.

ARLEQUIN, (se leve de sa table.)

C'est dans les valets que je brille.

LE PETIT-MAITRE.

Hé bien! cette carasse?

B ij

ARLEQUIN.

Tout-à-l'heure, Monsieur, vous allez l'avoir.

LE PETIT-MAITRE, (*reprend l'air & ajoute les paroles.*)

Peut-on affliger cé qu'on aime,
Pourquoi chercher à lé fâcher ;
Peut-on affliger cé qu'on aime,
C'est bien en vouloir à soi-même,
C'est bien en vouloir à soi-même.

(*Il s'interrompt & dit.*)

Cé morceau-là est charmant ; & l'Actrice qui lé joue est admirable !

ARLEQUIN, (*rentrant, & apportant la caraffe.*)

La voilà, Monsieur.

LE PETIT-MAITRE, (*se leve précipitamment.*)

Qui, où, où est-elle ?

ARLEQUIN, (*montrant la caraffe.*)

Dans ma main : n'est-ce pas cela que vous m'avez demandé ?

LE PETIT-MAITRE.

Oui ; mais jé pensois à quelque chose dé plus intéressant.

ARLEQUIN.

Et moi aussi, j'ai quelque chose d'intéressant à vous communiquer.

LE PETIT-MAITRE.

A moi ?

ARLEQUIN.

Oui, Monsieur ; mais, buvez votre orgeat pendant qu'il est frais. (*Il verse dans le verre du Petit-Maître.*)

LE PETIT-MAITRE, (*après avoir bu.*)

Dé quoi s'agit-il ?

ARLEQUIN.

Monsieur, avant de m'expliquer, je serois flatté d'apprendre à qui j'ai l'honneur de rendre ce petit service ?

LE PETIT-MAITRE.

Mon ami, tu es lé premier homme qui m'ait fait des questions : mon air, mon ton, ma figure, sans vanité, jé crois, mé font assez connoître.

ARLEQUIN.

Je vois clairement que Monsieur est un galant homme ; doux, affable ; il ne lui manque qu'un petit sujet comme moi, pour lui dire franchement....

B iij

LE PETIT-MAITRE, *(avec un sourire.)*
Jé t'entends ; tu voudrois mé servir ?

ARLEQUIN.
Ce seroit, je vous assure, un service d'ami.

LE PETIT-MAITRE, *(d'un ton badin.)*
Tu prendrois donc bien mes intérêts ?

ARLEQUIN.
Les intérêts de la Vérité.

LE PETIT-MAITRE, *(sur le même ton.)*
Hé bien ! l'ami, jé t'avoue aussi franché-
ment, qu'à l'ombre de la vérité, tu m'es très-
néceslaire : j'ai perdu mon Coureur ; tu lé rem-
placeras.

ARLEQUIN.
Cela seroit drôle ; servir en même tems la
Vérité, & un Petit-Maître.

LE PETIT-MAITRE.
Ta premiere commission sera chez la Baronne, rue du Temple au Marést ; du Marést
tu passéras chez la Marquise, rue du Baque,
faubourg Saint-Germain ; du faubourg Saint-
Germain, en passant l'eau, té voilà dans la
place des Victoires, chez la Duchesse, & tu
n'auras plus qu'un pas à faire, en prenant lé
Boulevard, à la place Royale...

ARLEQUIN.

Oui, oui, je vois tout cela chez la Prin-
cesse?

LE PETIT-MAITRE, (*fait un coup de
tête d'applaudissement, & s'amuse à remettre
ses Ariettes dans sa poche.*

ARLEQUIN, (*faisant réflexion.*)

Mais, (*faisant une cabriole.*) je suis encore
leste ; & cet emploi ne paroît pas mauvais ;
vous donnez des gages à votre Coureur?

LE PETIT-MAITRE, (*se leve & se promène.*)

Non seulément des gages, mais tes profits
séront considérables.

ARLEQUIN.

J'y suis à présent, c'est sûrement cela que
l'on a voulu dire ; je vous promets des avantages au-dessus de vos espérances. Déguisé
en Coureur, que je vais dire de vérités ! Ah !
Madame la Baronne, il n'y a pas beaucoup
de quoi : prends toujours, mon ami : Madame
est bien bonne ; car, quoique je sois un peu
intéressé, je suis obligé de faire les commis-
sions de ma maîtresse.

LE PETIT-MAITRE.

Qué veux-tu dire dé ta maîtresse?

B iv

ARLEQUIN.

Je veux dire, que fous l'ombre du Petit-Maître, je vais fervir la Vérité.

LE PETIT-MAITRE.

Mais, qué prétend donc ce faquin là.

ARLEQUIN.

Ah! ah! Monfieur faquin.... Payez-moi mes honoraires, s'il vous plaît.

LE PETIT-MAITRE.

Comment! maraud.

ARLEQUIN, (*un peu vivement.*)

Maraud.... Vous ne me connoiffez pas : je me ferois hacher pour la Vérité.

LE PETIT-MAITRE, (*enfonçant fon chapeau, tire l'épée.*)

Il faut qué je lui paffe mon épée à travers le corps.

ARLEQUIN, (*tout tremblant s'agenouille à demi du côté du Petit-Maître, & tourne fa tête du côté de la porte du Palais.*)

O Mufes du Mont Parnaffe.... venez à mon fecours !

✵

SCENE VI.

ARLEQUIN, LE PETIT-MAITRE, LA VÉRITÉ.

LA VERITÉ.

Quel bruit se fait entendre dans mon Palais?

(*Arlequin se sentant soutenu de la Vérité, va se remettre à sa table.*)

LE PETIT-MAITRE.

Ah! Madame, vous êtes arrivée bien à propos : j'allois percer cé coquin là.

ARLEQUIN.

Coquin... Ah! que je vais lui faire une jolie épigramme.

LA VERITÉ.

De la maniere dont vous parlez, Monsieur, je vois bien que vous vous méprenez.

LE PETIT-MAITRE.

Point du tout, Madame, c'est cé drôle là à qui j'en veux.

ARLEQUIN.

(*Ne fait plus attention, & continue d'écrire.*)

LA VERITÉ.

Sûrement, Monfieur, vous ne fçavez pas où vous êtes?

LE PETIT-MAITRE.

Pardonnez-moi, Madame, jé fçais bien qué je fuis au Café.

LA VERITÉ.

Point du tout, Monfieur, vous êtes à la Comédie.

LE PETIT-MAITRE.

Quel eft donc cet homme?

LA VERITÉ.

C'eft un Comédien qui joue fon rôle.

LE PETIT-MAITRE.

Mais, Madame, il s'eft offert à moi, il m'a dit qu'il prendroit mes intérêts; qué tout feroit pour le fervice de la Vérité; je n'y ai rien compris : je l'ai cru fans condition.

LA VERITÉ, (*d'un air doux & agréable.*)

C'eft moi qu'il fert; c'eft auffi moi qui vous ai facilité l'entrée, afin que vous jugiez par vous-même, des ridicules d'un Petit-Maître.

(*Arlequin va placer l'écrit.*)

LE PETIT-MAITRE.

Comment, Madame, des ridicules?

LA VERITÉ, (*avec la même douceur,*
& d'un rire modeste.)

En les quittant, Monsieur, vous serez un homme accompli; &, pour vous le prouver, venez vous reconnoître.

LE PETIT-MAITRE, (*se regarde avec*
complaisance.)

LA VERITÉ.

C'est bien vous-même?

LE PETIT-MAITRE, (*content de lui.*)

Ah! sandis, oui, Madame, à n'en point douter.

LA VERITÉ.

Lisez l'inscription ci-dessus.

LE PETIT-MAITRE, (*lit.*)

Lorsque l'on a pour soi, esprit, grace, talent.
            (*D'un air satisfait.*).
Ah! vraiment, je le crois.
            (*D'un air un peu fâché.*)
Devroit-on affecter un ton de suffisant?
            (*D'un ton plus doux.*)
Corrigeant ce défaut, l'on devient plus aimable,
Et c'est le vrai moyen de se rendre estimable.

Par quel prodige !.. charmante Vérité, qué mé faites-vous connoître ! Quelle grace ai-je à vous rendre : que jé méprife toutes ces fatuités ! qu'un homme épris dé lui-même eft défagréable ! jé né vois qué vous feule digne dé mon hommage.

LA VERITÉ.

Puiffe tous vos pareils, voir auffi clair que vous.

LE PETIT-MAITRE.

Jé cours dé cé pas pour les défabuser.

(*Il fort.*)

ARLEQUIN, (*faifant un grand foupir.*)

Nous avons eu bien de la peine à le convaincre ; vous n'allez pas manquer de pratiques à préfent ; tout le monde va fçavoir que vous êtes ici.

LA VERITÉ.

Je le penfe de même ; mais, mon cher Arlequin, vous méritez des louanges ; je fuis affurément très-contente de vous : vous me fervez avec une affection qui paffe mon attente.

ARLEQUIN.

Vous êtes donc contente de mon épigramme ?

LA VERITÉ.

A merveille.

ARLEQUIN.

Hé bien, pour vous parler naturellement, je me suis trouvé un peu embarraffé : mais en réfléchiffant, je me suis dit à moi-même, je n'ai qu'à me laiffer aller au penchant de la Vérité.

LA VERITÉ.

N'en doutez point ; tous vos écrits vous feront infpirés par la Vérité, & fe feront annoncer par l'Oracle.

SCENE VII.

LA VERITÉ, ARLEQUIN, UNE PETITE FILLE.

ARLEQUIN.

Que cherchez-vous, la belle enfant ?

LA PETITE FILLE, (*jettant la vue de plufieurs côtés.*)

Monfieur, je cherche mon Papa ;.. Maman eft inquiette ;... il eft forti, en difant qu'il alloit fçavoir.... (*Elle fait un mouvement pour s'en aller.*)

LA VERITÉ.

Reftez, petite, votre Papa fans doute va venir.

LA PETITE FILLE.

Pourquoi, Madame ?

ARLEQUIN.

C'eft que, puifqu'il veut fçavoir, il cherche la Vérité.

LA PETITE FILLE.

Eft-ce qu'il l'apprendra ici, Monfieur ?

ARLEQUIN.

Sûrement il l'apprendra ; de plus, il la verra.

LA PETITE FILLE, (*avec un air de furprife.*)

Il la verra?

ARLEQUIN.

Oui, il la verra ; & vous qui êtes un enfant, vous devriez connoître Madame.

LA VERITÉ.

Vous ne me connoiffez pas, mon petit cœur.

LA PETITE FILLE, (*faifant une révérence.*)

Non, Madame, je n'ai pas cet honneur là.

ARLEQUIN.

Madame eft la Vérité.

LA PETITE FILLE, (*regardant du côté des coulisses.*)

Ah ! que vous me faites peur ! Je crains....

ARLEQUIN.

Que craignez-vous ?

LA PETITE FILLE, (*en se frottant les yeux.*)

Que mon Papa ne vienne; il va donc sçavoir que j'ai pris des confitures en arriere de ma Bonne , & que j'ai jetté le pot dans le puits?

LA VERITÉ.

Non, mon poulet , il ne le sçaura pas ; consolez-vous : mais je suis obligée de vous dire, que si vous y retournez, la vérité se découvrira, & que tout le monde sçaura que vous êtes une friande.

LA PETITE FILLE.

Vous êtes comme ma Bonne, elle n'est pas rapporteuse non plus; quand Maman lui dit, ma Fille a-t-elle été bien sage? Oui, Madame, je ne m'en plains pas : c'est bon à sçavoir, dit Maman , car je sçaurois bien le dire à son bon ami.

ARLEQUIN.

Son bon ami ! Vous avez donc un bon ami?

LA PETITE FILLE, (*d'un air satisfaite.*)

Oui, Monsieur ; ah ! Madame, je l'aime bien ! il m'apporte toujours des bonbons : nous avons été l'autre jour à la Foire, je n'ai fait que lui dire, mon bon ami ! j'aimerois bien une Poupée comme celle là ; il me l'a achetée tout de suite.

LA VERITÉ.

C'est que votre Maman sçavoit que vous aviez été sage.

LA PETITE FILLE.

Oui, Madame, ma Bonne dit que pour être bien sage, il faut tout voir, tout entendre & ne rien rapporter.

LA VERITÉ.

C'est juste, mais si l'on vous le demande il faut dire la vérité.

LA PETITE FILLE.

Ma Bonne dit pourtant qu'il ne faut pas tout dire, & que souvent la vérité offense.

ARLEQUIN.

C'est le dicton de l'ancien tems.

LA PETITE FILLE.

Mais moi, je sçais bien que mon Papa s'est fâché contre Maman, parce qu'elle lui
disoit

difoit, en vérité, mon cher ami, tu as des manieres bien ridicules; tout ce que tu fais eft déplacé : fi tu n'avois pas une femme comme moi, tu n'aurois pas un feul ami.

LA VÉRITÉ.

C'eft qu'il a pris mal ce que votre Maman vouloit lui dire.

LA PETITE FILLE.

Ah! oui, Madame, très-mal; car Maman lui vouloit dire quelque chofe, ... que j'ai entendu, moi. ...

ARLEQUIN,

Et qu'il n'a pas voulu entendre, n'eft-ce pas?

LA PETITE FILLE.

Vraiment, non; Maman vouloit lui conter que mon bon ami lui avoit dit, fi je pouvois faire votre mari Roi.

ARLEQUIN.

Roi !

LA PETITE FILLE.

Roi! oui, Monfieur, il l'a dit comme ça: Roi, je le ferois; j'aurois le plaifir de vous voir Reine. (*D'un air enjoué.*) Dame, moi, j'étois bien aife : je penfois fi mon Papa étoit Roi, je ferois une Princeffe.

C

ARLEQUIN.

Elle entend bien ſes intérêts.

LA PETITE FILLE.

Cela ſeroit bien joli! N'eſt-ce pas, Madame?

LA VÉRITÉ, (ſouriant.)

Très-joli; votre Papa a un ſort bon ami, il devroit bien le conſerver.

LA PETITE FILLE.

C'eſt ce que dit Maman; mais mon Papa a pris tout de ſuite une humeur ſombre: Maman vouloit lui faire entendre.... & lui a ſorti tout en colere, en diſant, je veux abſolument m'é- claircir de tout ce micmac là.

ARLEQUIN.

Eſt-ce qu'il eſt jaloux votre Papa?

LA VÉRITÉ, (fait un ſigne à Ar- lequin, pour lui faire entendre qu'on ne doit point interroger un enfant.)

LA PETITE FILLE.

Maman dit qu'il eſt chimérique; dame, je ne ſçais pas ce que c'eſt; ah! le voilà mon Papa.

SCENE VIII.

LA VÉRITÉ, ARLEQUIN, LA PETITE FILLE, LE JALOUX.

LA PETITE FILLE.

Mon Papa, je vous cherche.

LE JALOUX.

Laisse-moi laisse-moi, ma fille, (*parlant à Arlequin.*) Monsieur.

ARLEQUIN, (*retournant à sa table.*)

Monsieur, Monsieur, je suis en affaire : parlez à Madame.

LE JALOUX.

A Madame ? C'est donc....

LA PETITE FILLE.

Oui, mon Papa, c'est la Vérité.

LE JALOUX.

Madame, je voudrois bien sçavoir ce que c'est qu'un ami, qui, du matin au soir, ne quitte pas ma maison ?

C ij

LA VÉRITÉ.

Monfieur, c'eft qu'il a pris goût à votre fa-
çon de penfer.

LE JALOUX.

Ah! ma chere Dame, vous êtes bien bonne :
je voudrois que vous viffiez comme il m'ac-
cable de careffes.

LA VÉRITÉ.

Je ne vois rien là que de très-naturel.

LA PETITE FILLE.

Pardine, il en fait tout de même à Maman
& à moi, il me donne toujours quelque chofe.

LE JALOUX.

J'arrive, je le trouve; je fors, il refte....
Madame mon époufe, très-obligeante; feras-tu
long-tems mon cher ami? feras-tu long-tems?
Concevez-vous bien, Madame, feras-tu long-
tems? c'eft bien clair.

LA PETITE FILLE.

Sûrement, c'eft bien clair ; c'eft que Maman
prend fes précautions pour vous faire fouper de
bonne heure.

LE JALOUX.

Confeillez-moi, Madame, que dois-je faire
d'un pareil bijou?

LA PETITE FILLE.

Ah! Madame, je me doute de ce que mon Papa veut dire! c'est une petite tabatiere à Maman, que mon bon ami a eu le malheur d'écorner.

LA VÉRITÉ.

En vérité, Monſieur, vous vous frappez l'eſprit pour une bagatelle.

LE JALOUX.

Vous traitez de bagatelle une affaire bien délicate.

LA PETITE FILLE.

Oh! pour celui-là, oui, elle eſt bien délicate; mais, mon Papa, c'eſt que vous ne vous en reſſouvenez pas : car avant que mon bon ami l'eût écornée....

LE JALOUX, *(un peu en colere.)*

De quoi parles-tu ?

LA PETITE FILLE, *(recule deux pas.)*

De la tabatiere à Maman; c'eſt vous qui en avez caſſé le cercle.

LE JALOUX.

Il eſt bien queſtion ici de tabatiere.

LA VÉRITÉ.

Je ne pourrai jamais lui ôter sa frénésie, que cette petite brouillonne là n'y soit plus : ma chere amie, allez-vous-en dire à votre Maman, que votre Papa est avec la Vérité, qu'elle ne soit point en peine.

LA PETITE FILLE, *(fort & revient sur ses pas.*

(*A l'oreille de la Vérité.*)
Vous ne direz rien de ce que vous sçavez?

LA VÉRITÉ.

Non; je vous l'ai promis.

LA PETITE FILLE, (*revient encore.*)
(*Et de même à l'oreille.*)
Vous ne parlerez pas du tout confitures?

LA VÉRITÉ.

Non, vous dis-je.

LA PETITE FILLE, (*fort & saute en s'en allant.*)
(*A part.*)
C'est bon; je vais dire à Maman qu'elle vienne lui parler.

LA VÉRITÉ.

Les enfans tournent si singulierement ce qu'ils disent, que ce qui est le plus simple, paroît de la derniere conséquence.

LE JALOUX.

Ah! Madame, il me paffe bien des idées dans la tête.

LA VÉRITÉ.

Je le crois, Monfieur. (*à part.*) Tâchons de le défabufer.

ARLEQUIN, (*à part.*)

De toutes les chimeres, c'eft la plus difficile à détruire.

LA VÉRITÉ.

Monfieur, vous êtes François?

LE JALOUX.

Oui, Madame.

LA VÉRITÉ.

J'en fuis furprife, car la jaloufie n'eft point du tout le défaut de la Nation.

(*Arlequin va placer l'écrit.*)

Voulez-vous vous en rapporter à l'Oracle?

LE JALOUX, (*mettant la main au front.*)

S'il pouvoit me tirer du fouci qui me ronge.

LA VÉRITÉ.

Voyons ce qu'il nous prefcrira? lifez.

LE JALOUX, (*lit.*)

Ton ami veut ton bien : (*d'un ton de frénésie.*) voilà ce que j'ai toujours pensé.

ARLEQUIN.

Je me suis douté que ce mot là ne passeroit pas aisément.

LA VÉRITÉ.

Mais, Monsieur, ayez la complaisance de voir....

LE JALOUX.

Eh! que voulez-vous donc que je voye? n'en ai-je pas assez vu?

LA VÉRITÉ.

Puisque vous ne voulez pas lire; écoutez jusqu'à la fin.

« Ta femme t'est fidelle; (*le Jaloux se ra-*
    doucit, & écoute avec attention.)
» Pourquoi donc t'ombrager, te casser la cer-
    velle?
» Vouloir approfondir est souvent dangereux;
» Quand tu serois bien sûr, serois-tu plus
    heureux?
» Sur son aveu, sa foi, croire sa femme sage
    » Est toujours le meilleur ».

LE JALOUX, (*d'un ton tranquille.*)

Le meilleur?

ARLEQUIN, (*à part.*)

En France c'eſt l'uſage.

LE JALOUX, (*du même ton.*)

Comment! il faudroit croire?..

LA VÉRITÉ.

Que vos ſoupçons n'étoient fondés que ſur la ſincérité d'une épouſe, qui n'a rien de caché pour un mari qu'elle aime.

LE JALOUX, (*d'un ton tout-à-fait radouci.*)

Mais enfin, cet ami?

LA VÉRITÉ.

Votre ami ceſſeroit de l'être, s'il ne s'intéreſſoit à tout ce qui vous appartient.

LE JALOUX.

Vous donnez des raiſons trop évidentes, pour n'être pas convaincu que la jalouſie eſt une chimere qui ne fait que troubler l'imagination: j'y perdrois la tête; je ne veux rien approfondir.

LA VÉRITÉ.

C'eſt le plus certain, pour aſſurer votre bonheur.

SCENE IX.

LA VÉRITÉ, ARLEQUIN, LE JALOUX, LA FEMME DU JALOUX.

LA FEMME DU JALOUX.

AH! Madame, vous êtes la Vérité; mon mari doit être instruit du motif de mes intentions?

LA VÉRITÉ.

Oui, Madame, votre Epoux ne doute plus de votre fidélité; mais persuadez-vous que toutes les femmes qui agiront comme vous avez fait, donneront certainement de l'inquiétude à leur mari.

ARLEQUIN, (au Jaloux.)

Voilà ce que l'on appelle donner le fait; & vous ne lui diriez pas mieux vous-même.

LE JALOUX.

Voyons comme elle va s'en tirer?

LA FEMME DU JALOUX.

Mais, Madame, l'on me témoignera le plaisir que l'on ressent d'obliger mon mari, & je n'oserai pas être reconnoissante?

LA VÉRITÉ.

Rien de plus naturel, affurément ; mais lui faire obferver que c'eft votre mérite qui lui fait des amis, le fcandalife, & ne le défabufe pas. ...

LA FEMME DU JALOUX.

Vous m'éclairez, Madame , j'abjure mon imprudence ; & votre avis eft une loi pour moi : oui , mon mari, je fens toute la force du confeil de la Vérité; n'ayant aucun deffein de vous manquer de foi, que me ferviroit de vous donner de l'ombrage ?

LE JALOUX.

Vas, ma femme , j'ai fait mes réflexions , mille raifons m'engagent à te croire; ma tête en fera plus tranquille. (*Ils fortent.*)

ARLEQUIN, (*riant de tout fon cœur.*)

Si celui-là eft guéri, on peut bien dire que ce n'a pas été fans peine.

SCENE X.

LA VÉRITÉ, ARLEQUIN, L'AMOUR.

Quel eft ce petit Olibrius là? ne va-t-il pas nous donner de la tablature ?

L'AMOUR.

La Renommée m'ayant inftruit de votre nouvelle exiftence, je viens pour vous féliciter, Déeffe.

LA VÉRITÉ.

Qu'ai-je fait jufques à préfent, qui ait mérité l'attention de l'Amour ?

L'AMOUR.

Des progrès admirables : vous faites le bonheur de l'amour conjugal , vous deffillez les yeux des jaloux ; & c'eft ce qu'avec tout mon art je n'ai jamais pu faire.

LA VÉRITÉ.

Je ne vous croyois pas d'accord avec l'hyménée , au point de vous intéreffer au mariage?

L'AMOUR.

Nous fommes très-unis : c'eft moi, pour l'ordinaire, qui forme les accords; c'eft lui qui les termine.

LA VÉRITÉ, (avec un fouris malin.)

Et enfuite vous les abandonnez ?

L'AMOUR.

Ah ! Déeffe! lorfque j'unis deux cœurs, que j'aurois de plaifir à les voir l'un & l'autre fe garder pour toujours une conftance mutuelle!

ARLEQUIN. (*à part.*)

C'est la Pierre philosophale.

LA VÉRITÉ.

Votre réputation n'est pas établie sur ce ton là.

ARLEQUIN, (*à part.*)

Un boute-trouble qui fait ravage par-tout où il passe.

L'AMOUR.

Et voilà ce qui me désespere ! on me prend pour un autre.

LA VÉRITÉ.

Mais vous êtes l'Amour.

L'AMOUR.

Oui, je suis l'Amour ; mais nous sommes deux freres : on le nomme Cupidon, ou l'A-mour, tout aussi bien que moi.

ARLEQUIN, (*se levant de sa table.*)

A quoi donc, s'il vous plaît, peut-on vous reconnoître ?

L'AMOUR.

C'est assez difficile ; nous avons mêmes traits, nous portons mêmes armes ; mais si l'on veut faire attention à ses fléches, à la premiere pi-quure, on sent en soi naître de l'ombrage, du dépit, de la colere, & quelquefois cela va jufqu'à la vengeance.

LA VÉRITÉ.

Et vous n'avez pas fçu vous plaindre?

L'AMOUR.

Je n'ai pas ceffé depuis le commencement du monde.

ARLEQUIN.

Ah! le méchant petit frere.

L'AMOUR.

C'eft un enfant gâté; Maman Vénus approuve tout ce qu'il fait; elle dit qu'elle l'aime, parce qu'il eft efpiégle, & qu'il faut que jeuneffe fe paffe.

LA VÉRITÉ.

Sa jeuneffe fera encore de longue durée; il faudra mettre un frein à fes étourderies.

L'AMOUR.

C'eft bien ce que j'efpere, fi vous voulez me feconder.

LA VÉRITÉ.

J'y ferai tout mon poffible.

L'AMOUR.

Je n'ai plus à craindre, lorfque vous voudrez bien déranger ſes projets : de mon côté je vous promets d'inſpirer aux humains l'amour de la vérité.

(*Il ſort.*)

ARLEQUIN.

L'on ne ſçauroit mieux dire ; il eſt reconnoiſſant, & vous pouvez lui rendre ſervice. (*Il préſente un papier à la Vérité.*) Voici ce que j'écris ſur les devoirs de l'amour conjugal ; examinez. (*La Vérité le prend, s'aſſied, & l'examine.*)

SCENE XI.

LA VERITÉ, ARLEQUIN, PIERROT,

Et une foule de monde, ce qui forme une pantomime d'admiration en regardant la Vérité.

PIERROT.

EH ! mais, Meſſieurs, ça ne ſe fait pas ; on n'entre point ici comme ça.

ARLEQUIN.

Laiſſe entrer, ne t'embarraſſe pas ; nous avons nos raiſons.

PIERROT.

Belles raiſons, & par quel ordre laiſſe-t-on entrer comme ça le monde ?

ARLEQUIN.

Nigaud, c'eſt par l'ordre de la Vérité. La voilà; donne-lui un démenti à préſent : dis-lui ce que tu diſois tantôt.

PIERROT.

Nanni, vraiment;.. elle eſt bien belle, cette Dame là : mais c'eſt une étrangere.

(La Vérité finit ſa lecture, jette la vue ſur la foule, regarde Pierrot, & ſe leve.)

ARLEQUIN.

Qui attire bien du monde, comme tu vois : vas lui parler, elle n'eſt pas fiere ; allons, fais-lui ton compliment.

PIERROT.

Elle n'eſt pas fiere ? tu dis donc que je peux ?..

ARLEQUIN.

Oui, oui, tu peux.

PIERROT.

Madame... permettez... je ne ſuis pas ſur-pris... que tout le monde, qui ne vous con-nois pas, ſoit ſurpris... en vous voyant : car, moi je ſuis honteux d'avoir oſé parler de vous, ſans vous connoître; mais je vous aſſure... que je ſuis fâché de...

LA

LA VÉRITÉ.

Je vous entends, Pierrot, vous êtes fâché de
ne m'avoir pas été aussi utile qu'Arlequin : mais
vous m'avez servi, sans le sçavoir ; & en parlant de moi, sans me connoître, vous avez
inspiré le desir.

PIERROT, (*à Arlequin.*)

Hé bien ! je n'ai donc pas fait tant de mal
que tu veux dire ?

ARLEQUIN.

Tu reconnois avoir tort ; & la Vérité te par-
donne.

LA VÉRITÉ, (*appercevant Momus.*)

Il n'a rien fait de lui-même ; une puissance
supérieure le faisoit agir.

D

SCENE XII, & derniere.

LA VÉRITÉ, ARLEQUIN, PIERROT, L'AMOUR, *tenant une couronne,* **MOMUS,** *accompagné de la Renommée, des trois Graces, & des Danseurs qui forment le Ballet.*

MOMUS.

ET cette puissance est Momus : mon devoir est rempli; & je viens rendre hommage à la Vérité renaissante.

(*Il chante le Vaudeville suivant, qu'il adresse à la Vérité.*)

L'AMOUR.

PAR arrêt dicté dans les Cieux, Par l'ordre du Maître des Dieux, Vous ne quitterez plus la terre, Vous regne- rez sur les hu- mains : Des Peuples vous se- rez la me- re, Tout leur bon- heur est dans vos mains.

L'AMOUR.

VÉRITÉ, vos charmes naiſſans, De notre a-

mour ſont les ga-rans; Et vous ſaurez fi-xer

ſans pei-ne, Les Amours, les Ris & les

Jeux; Nos cœurs, dont vous êtes la Reine,

Reconnoiſ-ſent le don des Dieux.

On commence le Ballet ; l'Amour préfente la main à la Vérité, & la conduit fur un trône qui fe forme par le changement de décoration, & lui pofe la couronne fur la tête. La Renommée fonne de la trompette ; plufieurs Danfeurs accourent, qui font fenfés être le Peuple, & le Ballet fe termine.

FIN.

Lu & approuvé, ce 9 Janvier 1775.

CREBILLON.

Vu l'Approbation. Permis d'imprimer, ce 12 Janvier 1775.

LE NOIR.

Martij

60

www.ingramcontent.com/pod-product-compliance
Lightning Source LLC
LaVergne TN
LVHW022149080426
835511LV00008B/1340